LUDWIG VAN BEETHOVEN

PROMETHEUS

Overture to the Ballet
"The Men of Prometheus"
Ouvertüre zum Ballett
„Die Geschöpfe des Prometheus"
Op. 43
Edited by/Herausgegeben von
Max Unger

T0081288

Ernst Eulenburg Ltd
London · Mainz · Madrid · New York · Paris · Tokyo · Toronto · Zürich

OVERTURE TO THE BALLET

"THE MEN OF PROMETHEUS"

BEETHOVEN, Op. 43

In composing music for the ballet, "The Men of Prometheus," Beethoven, in Vienna, entered for the first time into closer relations with the theatre. We have no information as to whose idea it was to ask the young composer to co-operate with the gifted ballet master, Salvatore Vigano. A. W. Thayer, author of the most detailed biography of the composer, was perhaps correct in surmising that the dedication of Beethoven's Septet to the empress, Maria Theresia, second wife of the emperor, Franz, had some influence on Vigano in his choice of composer. The book of stage directions for the ballet has unfortunately disappeared. However, the development of the story is given in the Italian biography of Vigano by Carlo Ritorni (Milan, 1838). It is also given in the second volume of Thayer's "Beethoven" (p. 221 f), edited by H. Riemann. The gist of the story is compressed into two acts: Prometheus made the first man and woman with clay, which he animated by means of fire stolen from heaven. Unable to give the statues reasoning power, he decided to destroy them, but was stopped by a higher voice. He then led them to the Parnassus, where they became acquainted with music at the order of Apollo. They developed powers of reasoning and feeling; also, began to appreciate the beauties of nature, and became impressionable to the arts of the drama and dance. The play closes with solemn dances.

A number of sketches for the ballet are recorded in Nottebohm's "Second Beethoveniana" (p. 246 f). Of the overture, however, no sketches are preserved. It was probably written early in 1801. The work was first performed on March 28th of that year in the Burgtheater. The story, music and production were subject to mild criticism, but despite this the ballet was performed 16 times during the first year, and 13 times during the following year.

The overture (Beethoven's first) became a pattern of classical form. The exposition comprises the 17th to 89th bars, the reprise being followed by an extended coda. The contrast between the two main ideas is extremely effective: the brilliant first theme (bar 17 ff), and the tender second theme, given chiefly to the wood wind. Certain similarities to the first movement of the 1st Symphony can be discerned; from the seventh chord there is also a similarity of design. The first theme is taken from the end of the finale to the ballet, where it appears in E flat major; the second theme seems also to have developed from a simple triad motive from the same part. After an inspiring introduction the Allegro emanates nothing but hilarity in all degrees. Beyond the themes given Beethoven does not appear to have used any further material from the sixteen pieces comprising the ballet. It would appear that he wanted to compress the essential story in the overture. It is also doubtful whether, as P. Bekker asserts, he wanted to portray "Prometheus' serious, sublime appearance" in the introductory bars. It is also unnecessary to refer to the Mozartean character of the work—it has been pointed out that the construction of the principal theme is similar to the Allegro in the introduction to Gluck's "Iphigénie en Tauride."

During Beethoven's lifetime the complete "Prometheus" music was only published in piano score—in June, 1801, by Artaria & Co., in Vienna, with the opus number 24. The overture by itself was issued early in 1804 by Hoffmeister & Kühnel, Leipzig, the parts bearing the following title:

Ouverture pour
2 Violons, 2 Flûtes, 2 Hautbois,
2 Clarinettes, 2 Cors, 2 Trompettes,
2 Bassons, Timballe,
Viola, Violoncelle et Basse
composé par
L o u i s   v a n   B e e t h o v e n
Oeuvre 43. Pr. 1 Rthl. 12 Gr.
Leipzig chez Hoffmeister et Kühnel
Bureau de Musique.

Details about the publication are unknown, as, unfortunately, Beethoven's letters to the publishers have been lost. No doubt, however, the beginning of the following letter written by Beethoven to the publishers on September 22nd, 1803, refers to the works issued as Op. 39-44, and also the separate edition of the overture to "Prometheus": "I herewith declare that all my compositions you now hold are your property; a fresh list will be made out and sent to you as your property under my signature. . . ." From February, 1903, various selected pieces from the ballet were issued for piano solo as "Neuer Selbstverlag von Hoffmeister & Kühnel." It is not known whether these editions agree with those issued by Artaria. Up to the present time the complete music of the ballet has not been used in the theatre, and very rarely heard at concerts. Only the overture, the most valuable part, remains in the concert repertory.

REVISION

Since the original MS. of the complete "Prometheus" music has been lost, study of the overture had to be based upon the first edition of the orchestral parts and the score marked by Beethoven and now in the Vienna Nationalbibliothek. This was made possible by the kindness of Herr Antony van Hoboken; the supplementary study of some doubtful passages was also made possible by the kindness of Herr Julo von Kromer in lending me the original score. To both these gentlemen I owe my sincerest thanks.

It would appear that the score was not prepared for engraving purposes, but for performances at Vienna. It does not bear any engraver's markings, but contains plenty of Beethoven's own indications made with red pencil. This was his habit with scores intended for the use of the conductor. Both parts and score vary in regard to dynamics, ties, phrasing, etc. It is not easy to determine which is correct. Perhaps the first printed parts should be relied on, as they were probably engraved and corrected later than the score used at performances.

It is impossible to record the many discrepancies between the parts and score. They prove that Beethoven himself was not consistent in regard to dynamics, etc. I am therefore confining my remarks to glaring deviations between the original and later editions and definite misprints:

Bars 9 and 10. In the original edition *sf* signs were indicated for both the *cresc* and *drecresc* signs. In the present edition only one *sf* is indicated and added to the 1st Oboe. The first print gives

for the 2nd Violins at bar 10, the score

In the present edition the score has been followed.

Bars 29-31, 33-35. In the first print the wind passages are tied. These ties are missing in the score.

Bars 37-39. In the first print both 1st and 2nd Violins have a *sf* on the 3rd quaver. These are sometimes omitted in later editions.

Bars 131-133. The score from the last crotchet in bar 131 indicates the 2nd Oboe playing an octave lower. This has been copied in later editions. In the first print, however, only the 1st Oboe is playing. This edition follows the first print, but the passage is doubtful.

Bars 141-143 and 145-147. This edition follows the first print with regard to the ties, as in bars 29 ff. (In certain other passages horns and trumpets are also tied in accordance with the first print.)

Bars 157-160. In the first and last of these bars *sf* indications have been added to the syncopated minims in the 1st Violin, as in preceding passages. In this edition similar accents have been added to the woodwind in bars 159 and 160. The accent should also be added to the syncopated minims in bars 149-155, but Beethoven probably omitted them as the passage is pp.

Bar 220. In the first print and score the two oboes play

The sequence, however, shows that Beethoven could not have intended the C major chord. In this edition the oboes play

Bars 266-274. The first print and score differ in regard to the *sf* signs in the lower string parts. The first print, and sometimes the score, give the accent to the second crotchet. The accent is also missing in the wind and percussion parts, but appears in bars 272-274. In this edition, as in the majority of reprints of the overture, the *sf* markings have been omitted in the string parts.

MAX UNGER.

BEETHOVEN:

OUVERTÜRE ZUM BALLETT
„DIE GESCHÖPFE DES PROMETHEUS"
Op. 43

Mit dem Ballett „Die Geschöpfe des Prometheus" trat Beethoven in Wien zum ersten Male in engere Beziehung zum Theater. Es ist nicht überliefert, von wem der Gedanke ausging, den jungen Meister für die Vertonung der pantomimischen Vorgänge heranzuziehen, die der nur wenig ältere begabte Ballettmeister Salvatore Viganò ausgearbeitet hatte. A.W. Thayer, der Verfasser der umfangreichsten Lebensdarstellung des Tondichters, vermutet vielleicht mit Recht, daß die Widmung von Beethovens Septett an die Kaiserin Maria Theresia, die zweite Gemahlin des Kaisers Franz, nicht ohne Einwirkung auf Viganò bei der Wahl des Tondichters war. Leider ist das eigentliche Regiebuch des Ballettes verschollen, doch kennt man den Gang der Handlung ziemlich genau aus der italienischen Viganò - Biographie von Carlo Ritorni (Mailand, 1838); er ist auch in der von H. Riemann bearbeiteten 2. Auflage des 2. Bandes von Thayers Beethovenwerk, S. 221 f., mitgeteilt. Der Kern der in zwei Akte gebrachten Fabel: Prometheus belebt zwei Tonstatuen mit der Flamme des Himmels, vermag in ihnen aber nicht die Vernunft zu erwecken.

Eine höhere Stimme hält ihn von der Absicht zurück, sein Werk wieder zu zerstören. Von Prometheus auf den Parnass geführt und dort auf Geheiß Apollos mit der Musik bekannt gemacht, äußern die beiden Wesen Zeichen von Vernunft und Gefühl, beginnen die Naturschönheiten zu sehen und werden auch für die anderen Künste — den Tanz und die Schauspielkunst — empfänglich. Das Stück schließt mit festlichen Tänzen. Eine Anzahl von Entwürfen zu dem Ballett ist in G. Nottebohms Zweiten Beethoveniana, S. 246 ff., mitgeteilt. Zu der Ouvertüre sind jedoch keine Skizzen überliefert. Man wird annehmen dürfen, daß sie zuletzt entstanden ist, vermutlich Anfang des Jahres 1801. Das ganze Werk, also auch die Ouvertüre, wurde am 28. März d. J. im Burgtheater zum ersten Mal aufgeführt. Obgleich sich die Kritik über den Wert von Handlung, Musik und Wiedergabe mit Einschränkungen äußerte, waren dem Ballett im Jahre 1801 16 Aufführungen und im folgenden noch 13 beschieden.

Die Ouvertüre, die erste von Beethoven überhaupt, bildete sogleich ein Muster der klassischen Form. Die Exposition reicht vom 17.—89. Takt, die Durchführung vom 89.—132. Takt, der Reprise schließt sich noch eine ausgedehnte Coda an. Äußerst reizvoll der Gegensatz der beiden Hauptgedanken: des geschäftigen ersten Themas (Takt 17 ff.) zu dem im wesentlichen den Holzbläsern überantworteten zarten zweiten (Takt 49 ff.). Auf gewisse Entsprechungen zum ersten Satz der ersten Symphonie — Anfang mit dem Septimenakkord, Ähnlichkeit der Anlage des Hauptgedankens u. a. — ist schon oft hingewiesen worden. Das erste Thema stammt aus dem Schlusse des Finale des ganzen Ballettes — es steht dort in Es-dur — und auch das zweite scheint aus einem schlichten Dreiklangmotiv desselben Teiles entwickelt zu sein. Nach der erhabenen Einleitung strahlt der Allegro-Teil der Ouvertüre eitel Freude aus, die alle Grade bis zur Jubelhöhe durchläuft. Sonst hat Beethoven in dem Stücke auf Heranziehung weiterer musikalischer Stoffes aus den anderen Ballettnummern — insgesamt 16 — verzichtet. Dies allein sollte genügen, um den Gedanken auszuschließen, der Tondichter habe in der Ouvertüre die wesentliche Handlung vorausnehmen wollen. Es ist schon unsicher, ob er in den Einleitungstakten, wie P. Bekker will, die „ernste hoheitsvolle Prometheus-Erscheinung" vorstellen oder damit ganz allgemein die feierliche Seite der mythischen Handlung betonen wollte. Auf die Mozartnähe des Stückes braucht kaum erst noch hingewiesen zu werden; es ist mit Recht noch hervorgehoben worden, daß Gestalt und Aufbau des Hauptthemas an das Allegro der Einleitung zu Glucks „Iphigenie in Tauris" erinnern.

Zu Beethovens Lebzeiten erschien die gesamte Prometheus-Musik nur im Klavierauszug — im Juni 1801 bei Artaria & Co. in Wien mit der Werkzahl 24. Die Ouvertüre allein kam Anfang des Jahres 1804 in dem Leipziger Verlag Hoffmeister & Kühnel mit dem folgenden Titel in Stimmen heraus:

OUVERTURE
pour
2 Violons, 2 Flûtes, 2 Hautbois,
2 Clarinettes, 2 Cors, 2 Trompettes,
2 Bassons, Timballe,
Viola, Violoncelle et Basse
composé par
Louis van Beethoven
Oeuvre 43. Pr. 1 Rthl. 12 Gr.
Leipzig chez Hoffmeister et Kühnel
Bureau de Musique.

Näheres über die Veröffentlichung ist leider nicht bekannt geworden, da eine ganze Anzahl Briefe Beethovens an den Verlag verschollen sind. Zweifellos bezieht sich aber der Anfang des Briefes, den der Tondichter am 22. September 1803 an Hoffmeister richtete, auf die unter Op. 39—44 erschienenen Werke, demnach auch mit auf die Stimmenausgabe der Prometheus-Ouvertüre: „Hiermit erkläre ich also alle meine Werke, um die Sie geschrieben, als Ihr Eigentum; das Verzeichnis davon wird Ihnen noch einmal abgeschrieben und mit meiner Unterschrift als Ihr erklärtes Eigentum geschickt werden..." Schon seit Februar 1803 waren verschiedene ausgewählte Stücke aus dem Ballett als „Neuer Selbstverlag von Hoffmeister & Kühnel" im

VII

Klavierauszug herausgekommen. Wie sich diese Ausgabe mit der von Artaria vertrug, bleibt unklar.

Es ist bisher nicht gelungen, die gesamte Musik des Ballettes mit erneuerter Handlung im Theater wieder heimisch zu machen, und auch im Konzertsaal erklingt sie nur selten. Dagegen gehört die Ouvertüre, das wert- und wirkungsvollste Stück daraus, immer noch mit Recht zu den bevorzugteren Stücken der Gattung aus der Feder des Meisters.

Revisionsbericht

Da die Urschrift der ganzen Prometheus-Musik anscheinend nicht erhalten ist, waren für die Überprüfung der Ouvertüre der Stimmenerstdruck und die vom Meister eigenhändig durchverbesserte Abschrift maßgebend, die sich in der Musiksammlung der Wiener Nationalbibliothek befindet. Die Möglichkeit der Einsicht in den Erstdruck, der nicht viele Fehler aufweist, verdanke ich der Güte des Herrn Antony van Hoboken in Wien; für die Nachprüfung einiger fraglicher Stellen nach jener Abschrift fand sich in zuvorkommender Weise Herr Julo von Kromer in Wien bereit. Beide Helfer seien auch von hier aus meines aufrichtigen Dankes versichert.

Bei der Abschrift handelt es sich anscheinend nicht um die Stichvorlage, sondern um die bei den Wiener Wiedergaben verwendete Partitur; denn sie ermangelt irgendwelcher Einträge von Stecherhand und enthält von Beethoven selbst ziemlich viele Einträge mit Rötel. Dieses Schreibmaterials bediente er sich aber vorzugsweise bei Partituren, die für den Kapellmeister bestimmt waren. Die beiden Vorlagen weichen vielfach vor allem in der Artikulierung sowie den Haltebogen voneinander ab. Es ist nicht immer leicht, dabei das Richtige zu treffen; vielleicht wird man aber dem Erstdruck im allgemeinen den Vorrang lassen müssen; denn die (verschollene) Stichvorlage wird doch wohl später als die bei den Aufführungen gebrauchte abschriftliche Partitur entstanden oder wenigstens durchverbessert worden sein.

Es würde hier zu weit führen, jede nebensächliche Abweichung, alle offenbaren Druck- und Schreibversehen der beiden Vorlagen zu vermerken. Aus diesen geht hervor, daß der Tondichter selbst, vor allem in der Artikulierung und den dynamischen Vermerken nicht ganz einheitlich verfahren ist. Hier kann nur auf besonders beachtenswerte Abweichungen der späteren Drucke und wesentliche fragliche Stellen hingewiesen werden.

9.—10. Takt: Beim 2. Viertel der 1. Violine enthält der Erstdruck außer den cresc.- und decresc.-Zeichen dieser Takte je ein sf. Es wurde im vorliegenden Abdruck ergänzt und auch zur 1. Oboe hinzugefügt. Der Erstdruck schreibt der 2. Violine den 10. Takt so vor:

die Wiener Abschrift dagegen so:

Im vorliegenden Abdruck ist die Lesart der Abschrift berücksichtigt worden.

29.—31. und 33.—35. Takt: Der Erstdruck weist zwischen den gleichlautenden Noten der Bläserstimmen durchweg Haltebogen auf, in der Wiener Abschrift fehlen sie. Die vorliegende Ausgabe schließt sich dem Erstdruck an.

37.—39. Takt: In den 1. und 2. Geigen wurde auf dem 3. Achtel gegenüber den späteren Drucken je ein sf ergänzt; dieses ist auch in den Erstdruckstimmen vermerkt.

131.—133. Takt: Die abschriftliche Partitur schreibt vom letzten Viertel des 131. Taktes ab für die 2. Oboe die tiefere Oktave vor. Ihr folgen auch die neueren Drucke. Im Erstdruck bläst dagegen nur die 1. Oboe, und die 2. pausiert. Die vorliegende Ausgabe folgt dem Erstdruck, doch ist die Stelle fraglich.

141.—143. und 145.—147. Takt: Unsere Ausgabe schließt sich, den Takten 29 ff. entsprechend, wieder dem Erstdruck in der Vorschrift der Haltebogen an. (Auch an einigen späteren Stellen, die hier nicht einzeln angeführt werden sollen, sind in den Hörnern und Trompeten Haltebogen nach den Erstdruckstimmen angebracht worden.)

157.—160. Takt: Der Erstdruck schreibt im ersten und letzten dieser Takte, früheren Stellen entsprechend, für das synkopierte 2. Viertel der 1. Violine sf vor.

In unserem Abdruck ist diese Angabe berücksichtigt worden; sie mußte natürlich aber auch auf die Holzbläser des 159. und 160. Taktes ausgedehnt werden. Bei den Synkopen der Takte 149—155 müßte das Zeichen eigentlich auch stehen; Beethoven hat es wohl nur wegen des pp-Grades weggelassen, in dem die Stelle zu spielen ist.

220. Takt: Im Erstdruck und in der zeitgenössischen Abschrift lauten die beiden Oboen:

Der Zusammenhang ergibt aber ohne weiteres, daß sich Beethoven den aus dieser Lesart entstehenden C dur-Akkord nicht vorgestellt haben kann. Daher wird die schon in der Gesamtausgabe vermerkte Verbesserung

richtig sein.

266.—274. Takt: In den sf-Vermerken des Erstdruckes und der Wiener Abschrift finden sich einige Widersprüche. Jener und teilweise auch die Abschrift enthalten das sf in den unteren Streicherstimmen jeweils auf dem 2. Viertel, in den Bläsern und Pauken fehlt es an diesen Stellen und steht in den Takten 272—274 auf dem 1. Viertel. Da der Sinn dieser gegensätzlichen Betonung nicht recht einzusehen ist, wurde in der vorliegenden Ausgabe — wie in den herkömmlichen Abdrucken der Ouvertüre — von der Vorschrift von Synkopen in den unteren Streicherstimmen abgesehen.

Max Unger

Die Geschöpfe des Prometheus

Overture

L. van Beethoven, Op. 43
1770-1827

2

10

E.E.3725

4

Allegro molto con brio

E. E. 3725

6

E. E. 3725

8

E. E. 3725

11

E.E 125

E.E.8725

E.E.3725

E.E.3725

E. E. 3725

E. E. 3725

E.E.3725

E.E.3725

27

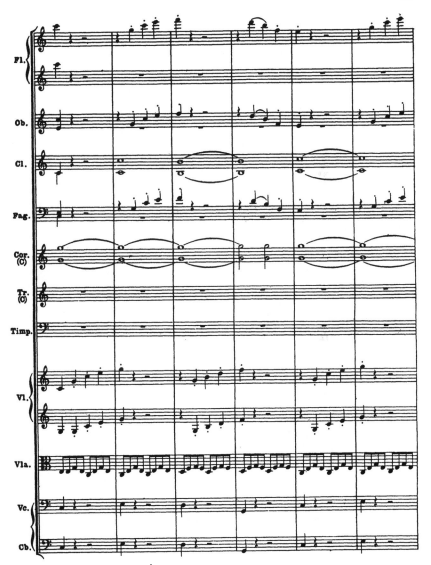

E.E. 3725

34

E.E. 3725

E.E.3725

220

Fl.

Ob.

Cl.

Fag.

Cor.
(C)

Tr.
(C)

Timp.

Vl.

Vla.

Vc.

Cb.

E. E. 3725

42

E.E.3725

44

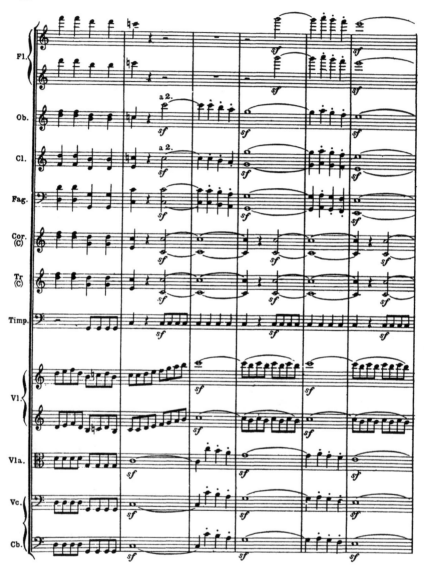

E. E. 3725

E. E. 3725